APPERÇU

SUR LE

REMBOURSEMENT.

IMPRIMERIE DE HOCQUET.

APPERÇU

SUR LE

REMBOURSEMENT

DES

RENTES PERPÉTUELLES 5 P. %,

Par SAVREUX, Négociant,

De la Maison Savreux Dechaux frères.

PARIS,

Delaunay, Libraire, Palais-Royal, Galerie de Bois;
Et chez les Marchands de Nouveautés.

1824.

APPERÇU

SUR LE

REMBOURSEMENT.

Au moment où les divers projets de loi que présente le Gouvernement, occupent tous les esprits, où chacun s'empare de celui vers lequel ses connaissances le poussent, sans y voir d'autre intérêt que celui de flatter son amour-propre, en se donnant les moyens d'en parler à tous propos, il n'est pas intempestif de soumettre au public les observations que m'ont fait naître le projet de loi sur le remboursement des rentes, non que je veuille avoir la prétention d'en arrêter les effets : une opinion de plus ou de moins, pour ou contre, ne saurait faire reculer le Ministère ; aussi ne donnerai-je que quelques réflexions qui ressembleront peut·être à celles déjà émises, mais encore une fois, ce n'est qu'une série de faits, de calculs et de questions que je propose à la discussion.

EN DROIT.

Peut-on rembourser la rente?... Non, l'article 1191 du code civil qu'on invoque, ne peut être applicable, puisqu'il est annullé par plusieurs articles du même code, soit qu'on les puise dans le titre Obligations ou Contrats, même dans les Prêts, seuls actes dans lesquels on puisse consciencieusement classer la rente.

Disposons la matière de façon que chaque point fournisse un sujet à discuter.

L'art. 1108 exige quatre conditions essentielles pour la validité d'une convention.

Entr'autres, un objet certain qui forme la matière de l'engagement.

L'article 1111 annulle toute obligation contractée par violence.

L'art. 1129 dit encore, en fait de contrat : Il faut que l'obligation ait pour objet une chose au moins déterminée, quant à son espèce.

L'art 1243 dit : Le créancier ne peut être contraint de recevoir une autre chose que celle qui lui est due, quoique la valeur de la chose offerte soit égale ou même plus grande.

Sauf à soutenir plus tard les àrticles supplémentaires qui viennent corroborer mon opinion, je citerai 1° l'art. 1108.

Quel était l'objet certain qui formait la base de la convention du contrat, ou de l'obligation entre les rentiers et l'Etat.

Le Ministère ne prétendra pas que c'est un capital de 100 fr.; ce capital, même avant la consolidation du tiers, n'a jamais existé que le jour de sa naissance; or donc si ce n'est pas le capital, c'est la rente; l'intérêt de ce capital, à 5 p. cent par an, qui n'a pas changé jusqu'à présent. En effet, sans remonter aux conventions antérieures à la réduction du tiers consolidé, époque qui, seule, devrait être le point de départ, voyons ce qui s'est passé de nos jours pour les emprunts et les paiemens des créances sur l'Etat.

Le Gouvernement a fait divers emprunts, tous ont été sanctionnés à des cours désavantageux ; ils offraient trop de bénéfices et des intérêts trop majeurs pour ne pas attirer les prêteurs ; mais que garantissait-on, par exemple, aux puissances alliées ? une rente de 5 p. cent au capital de 75 fr. ; aux prêteurs, une rente de 5 p. cent sans capital déterminé ; ce n'était donc, à leur égard, qu'un escompte d'un contrat de rente perpétuelle, ou, pour mieux dire, une constitution de rente perpétuelle moyennant une somme convenue.

Comment a-t-on cru payer les créanciers de l'Etat ? l'Etat me devait 100,000 fr. pour résultat de fournitures faites aux armées ; une loi établit que je recevrai, au lieu de 100,000 fr., 5,000 fr. de rente qui n'en sont que l'intérêt à 5 ; elles étaient, en 1816 et 1817, au cours de 60 à 70 p. cent. Le Gouvernement n'a pas cru, n'a pas dû faillir à mon égard, non, il m'a servi l'intérêt de mon capital, me laissant le choix de m'en

faire des fonds en la négociant à mon dé-
trîment; mais pourquoi les tribunaux, or-
ganes des lois, qui connaissaient certaine-
ment celle du 28 avril 1816 (je cite celle-ci),
m'ont-ils forcé, condamné à payer mes
créanciers? remarquez que ces créanciers
ne m'ont fourni que les mêmes objets, les
mêmes vivres que je livrais; à payer ces
Messieurs, dis-je, à 100 p. cent.

Les tribunaux n'ignoraient pas que je ne
recevais que 70 p. cent; mes créanciers étaient
des tiers porteurs; cela ne les concernait pas;
cependant il m'a fallu négocier et perdre.
Qu'ai-je négocié? mon contrat de rente, mon
inscription et non le capital que je ne pou-
vais escompter, puisqu'il n'avait qu'une valeur journalière, sans époque fixe de remboursement; mais j'ai bien vendu 7 fr. de
rente pour payer 100 fr. de capital.

La protestation m'était interdite, lors du
paiement, je devais obéir à la loi, quoique
la violence énoncée en l'art. 1111 soit bien
prononcée ; elle compromettait ma fortune
au dernier point ; les tribunaux m'ordon-

nent de solder mes créanciers ; le Gouvernement m'offre l'alternative de prendre à perte, ou de perdre tout. Au résumé, je devais payer et ne pas recevoir ; voilà ce qu'il fallait faire aux termes du code civil qui régit aujourd'hui cette matière toute financière, toute administrative, pour avoir un recours encore extrêmement limité contre un débiteur, toujours mineur dans les cas pécuniaires.

Il est établi, en principe, que l'on doit de la rente à 5 p. cent à ceux qui sont encore porteurs des titres primitifs, qui ont subi les effets de la consolidation ; aux prêteurs, aux puissances étrangères, aux créanciers de l'Etat ; aux dotations, soit de la Légion d'Honneur, soit des fabriques, des hôpitaux ; aux administrations du Gouvernement, aux mineurs, aux tiers-porteurs, aux consignataires : ces derniers, dans la cathégorie des rentes légales constituées par force de lois.

Que restera-t-il à rembourser ?

Les articles 1111 et 1129 se trouvent déjà

suffisamment discutés. J'ai prouvé qu'il y avait violence pour les porteurs de titres lors de la consolidation, pour les créanciers de l'État, en se libérant envers eux avec des valeurs qui ne les payaient pas de l'intégralité de leurs créances reconnues; or, nullité de contrat, donc remboursement des deux tiers aux premiers, et remboursement aux derniers de la perte qu'ils ont éprouvée à la négociation de leur rente perpétuelle constituée.

Cette indemnité est essentielle, avant même de mettre en discussion la faculté de remboursement.

Je le demande : l'article 1129 veut que l'obligation ait un objet, une chose au moins déterminée quant à son espèce.

Qu'avions-nous de fixe et de certain dans les traités avec les puissances, dans les paiemens avec les créanciers de l'Etat; comme dans les dotations? Une rente, non pas ordinaire, mais bien perpétuelle, non essentiellement rachetable, puisqu'elle était devenue variable, que pour en favoriser l'émission et la transmission ? On lui accordait le privilége d'être transférée sans frais, quelle ne payait ni impôt , ni droit de succession , faute d'évaluation de capital. Ces faveurs n'étaient point consenties à ce capital éphémère, fugitif qu'on n'a jamais pu fixer, mais bien à une rente qu'on voulait accréditer, comme le fait a été constant depuis, afin de trouver des ressources dans le sein du grand livre ; elle n'était point rachetable, parce qu'exclue de l'espèce de l'obligation ordinaire , elle n'avait , non seulement aucune époque fixe d'échéance pour le principal, mais encore, quoique cette clause n'y soit pas implicitement exprimée, la lettre du contrat constate précisément le contraire. Ainsi, à la seule volonté du Gouvernement, après avoir accordé la consolation de 5 fr. de rente à ses créanciers, il aurait pu les priver du bénéfice qu'il semblait leur procurer, en leur rachetant leurs inscriptions à 5o p. cent; mais, alors, il aurait failli ; il a mieux aimé les laisser maîtres de se ruiner eux-mêmes.

. . Que ne l'a-t-il cependant proposé, quand sa rente était à 4o p. cent. On ne le presse pas d'avouer son peu de crédit d'alors ; et pourtant il pouvait trouver, à 6 p. cent, le même argent qu'il emprunte aujourd'hui à 4, quand il le payait à 8 ; ce n'eût été que 3 p. cent sur 5o : la bonification était puls forte, et le trésor seul y gagnait.

Nous le savons ; à cette epoque, comme aujourd'hui, il n'avait pas le droit de rembourser, il ne pouvait l'ignorer ; le Code, qu'on n'osait appeler à son aide, par son article 1191, portait un contradicteur puissant : au même titre, l'article 1243.

Le créancier ne peut être contraint à recevoir une autre chose que celle qui lui est due, quoique la valeur de la chose offerte soit égale ou même plus grande.

Aujourd'hui, on doit 5 francs de rente pour 100 f., ou 100 f. qui doivent produire 5 f. de rente, mais on ne nous offre qu'une des choses promises, puisque le capital ne doit plus rapporter 5 p. cent. Or, l'article 1191, sur lequel repose le projet ministériel, est mal-à-propos invoqué, car, pour obtenir la faculté de se libérer, il faut tenir en entier les choses promises ; on ne nous offre donc pas assez pour nous faire accepter, et être en droit de se libérer : il est reconnu qu'on doit de la rente. Remboursez un capital qui produise 5 p. cent de rente.

Les articles contradictoires qu'on pourrait m'opposer , ne sont point assez importans pour les discuter ; ils tombent d'eux-mêmes ; ceux que je cite sont réglémentaires, et forment une base contre laquelle ils viennent tous échouer.

OFFRES DU MINISTÉRE.

On propose de rembourser au choix, 100 fr. de capital, pour 5 fr. de rente , ou de donner en échange une inscription de 4 fr. de rente au capital de 75 fr. pour 3 fr.

Les avantages qui résulteraient de cette mesure sont éclatants , disent les journaux des portefeuilles, le numéraire est si nombreux, les capitalistes si embarrassés , qu'il faudra bien que les capitaux des rentes suivent une destination quelconque.

Le commerce , l'industrie , l'agriculture

ouvrent leurs coffres pour les recevoir, c'est possible , mais ils ne les auront qu'au même taux qu'avaient établi jusqu'à ce jour l'usage, les besoins de la partie prenante et le soin particulier que chacun apporte à la conservation de sa propre fortune.

L'exécution de ce plan n'empêchera pas les propriétaires d'immeubles en province, qui tirent leurs fonds de Paris, s'ils en trouvent, d'en payer l'intérêt, même sur première hypothèque, à 6 ou 7 pour cent ; et dans leur département à 8 ou 9 par an, car il ne faut pas se dissimuler que cette chûte dans les revenus ne fera reporter l'argent sur les immeubles qu'autant qu'on retrouvera sur eux l'avantage qu'on perd ailleurs.

Les notaires affirmeront qu'on ne trouve d'argent à Paris pour la province, qu'à des taux exhorbitans. Or il est constant que toute la rente est à Paris : le peu de succès du grand-livre, créé pour elle, l'atteste ; donc les capitalistes des départemens n'auront aucune concurrence, et continueront à prêter aux mêmes conditions que par le passé.

En fait de commerce, l'usage a un taux d'escompte qui ne varie qu'en faveur de la solidité de telle ou telle signature; il faudrait donc rendre toutes les maisons bonnes et solvables pour diminuer et égaliser l'intérêt. Comment entend-on que le commerce doit profiter des effets du projet? ce ne sera pas par l'escompte, la place est trop mauvaise; ce ne pourrait être pour qu'on puisse y reconnaître réellement de l'avantage, qu'en soutenant des maisons, en en créant de nouvelles; mais il en existe assez, car les plaintes sur la stagnation du commerce, doivent s'expliquer, je pense, non pas par le défaut de consommateurs, mais par le nombre des vendeurs.

On dit que le capital des 5 pour cent, au moyen de la conversion, va monter à 133 fr. 33 c. Je ne puis concevoir comment cette augmentation tournera au profit des porteurs. A 4 pour cent, le capital n'est que de 100 fr, comme aujourd'hui, c'est-à-dire que nous sommes libres de l'élever à ce taux avec nos propres fonds, puisque si nous voulons 5 fr. de rente, il faut débourser 133 fr. 33 c., le

Gouvernement est généreux à bon marché,
il promet une chose qui est toute à notre
disposition.

Mais, dira-t-on, les immeubles vont
acquérir de la valeur, et comment? Je l'ad-
mets, ils auront faveur d'un tiers en-sus,
cependant si le vendeur veut placer sur l'Etat,
ce tiers lui est nécessaire pour avoir le même
intérêt, il faut qu'il l'ajoute au capital nomi-
nal.

Cessez de nous séduire par l'apparence
trompeuse d'un capital chimérique, on ne
vit point sur le fonds, c'est sur le revenu,
l'ouvrier, le commis, n'ont point de capitaux ; des capitaux sans arrérages se fondent,
se détruisent, et n'amènent au bout de leur
extinction que de la misère. Que me ferait
un capital de 5o fr., s'il me rapportait de
quoi vivre ? Les faits journaliers viennent à
l'appui de mon assertion. Les rentiers qui
ont acheté des rentes à 5o fr, comme à 98
ne mettaient pas les pieds à la bourse, ils
s'embarrassaient peu de la coulisse, des
primes et des reports, des nouvelles de Tur-

quic , des succès ou des défaites de Bolivar. Ils étaient certains de toucher à chaque semestre les arrérages de leur placement. Ou bien, s'ils y allaient , assis sur les banquettes de la Bourse comme sur les bancs de la Place Royale , ils s'endormaient là.

Quelle conséquence devons-nous encore tirer de l'augmentation que les propriétés vont acquérir?

J'ai 1500 fr. de rente , la médiocrité est ma devise, les emplois ne m'ont jamais tenté, je ne saurais les remplir, la loi me prive d'un cinquième , reste................... 1200. Pour que les fermiers se retirent du prix auquel ils vont louer d'après la nouvelle estimation , ils vendront leurs denrées à un taux calculé au moins sur le tiers en sus , reste........... 400.

J'ai donc 700 fr. de moins dans mes ressources journalières. Qu'ai-je donc fait aux auteurs du projet, pour qu'ils me traitent aussi impitoyablement, ils sont donc bien riches pour consentir à perdre.

Vous paierez moins d'impôt , crie-t-on

de toutes parts, vous croyez! je n'en payais pas ; le Gouvernement avait autant besoin de rentes que moi ; mon portefeuille n'était point imposé, et n'est-ce point payer d'impôt que de perdre en un jour, et par une mesure tant soit peu arbitraire, le cinquième des économies de ma vie entière.

Le contribuable sera dégrevé de la différence de la réduction des rentes ; je suis un être bien entêté, je ne comprends pas encore comment on déchargera le contribuable, puisque l'on donne d'une main à d'anciennes victimes ce qu'on prend de l'autre à de nouvelles ; et d'ailleurs, est-ce un dégrèvement que de payer des droits de mutations et d'enregistrement plus élevés en proportion du prix, de voir augmenter le foncier de même sur les nouveaux beaux ; au contraire, je soutiens que le pauvre bourgeois y perdra encore, le commerçant patenté pourrait bien y gagner, rien n'est fait pour lui, rien non plus n'est fait directement contre ; on lui diminuera même sa patente, son personnel, le surcroît d'impôts peut permettre cette libéralité ; alors on le rayera de la liste des citoyens qu'on a appelés dernièrement à voter, sans qu'ils s'en doutent, pour huit ans, avant même que la septennalité ne soit accordée par ceux que la loi n'a nommés que pour cinq.

Tel est le but du Ministère, de faire croire au bon peuple qu'il payera moins que par le passé, le flatter d'une hausse dans ses propriétés, comme s'il devait en profiter, montrer un bénéfice sur les immeubles, quand on en donne le montant aux doyens de l'émigration, pour racheter leurs fiefs et seigneureries, le prix ne saurait plus les effrayer, ils recevront au-delà de leur ancienne fortune.

C'est clair, on ne prend pas des mouches avec du vinaigre.

Quant à l'exécution de la conversion, comment s'y prendra-t-on pour les cautionnements faits en rente ?

J'ai versé, transféré même à la caisse des consignations une inscription de rente 5 p. cent consolidés, de 5ooo f., elle est affectée

à la garantie de mes fonctions administra-
tives. Que doit-on me rendre à la fin de mon
service ? une inscription 5 p. cent, mais elles
n'existeront plus au 1ᵉʳ. janvier 1826, ou
100,000 f. en numéraire ; mais on m'a de-
mandé spécialement 5000 f. de rente, je
n'ai donc pas fourni mon cautionnement en
entier ; cependant il est versé, accepté, j'en
ai le récépissé, mon service est en pleine
activité, dois-je rapporter. En définitive, que
me rendra-t-on ? je ne puis plus disposer de
mon capital, il est engagé, il dort dans les
caisses de l'Etat, sans espoir pour moi d'en
recevoir d'autre intérêt que celui de 5 p.
cent, légal jusqu'à la nouvelle loi. La rente
m'est garantie, elle est devenue légale, elle
appartient à une administration du Gouvernement, il n'y a pas le moindre doute, la loi
est faite pour l'avenir et n'a pas d'effet
retroactif. Art. 2 du Code.

Aucune de ces versions n'est vraisemblable
et démontre jusques à l'évidence l'impossi-
bilité d'une conversion par mesure générale,
qui n'en est déjà plus une, puisqu'elle con-

serve aux uns au détriment des autres, qu'elle prend à ceux-ci pour donner à ceux-là ; il faut qu'en pareil cas tout le monde souffre également, la moindre exception dénoterait un coup de parti, une vengeance.

Il en sera de même des emprunts particuliers, pour la garantie desquels on a remis à un tiers une inscription , à la charge d'en compter les intérêts au prêteur ; la loi changera-t·elle la nature du contrat , qui devra supporter les effets de la force majeure?

Un père , propriétaire de 10,000 f. de rente , 5 p. cent sur l'Etat, rendant compte de la succession de sa femme , assure à ses enfans , qui l'acceptent, 6000 f. de revenu à prendre dans son inscription, qui supportera la déduction? au marc le franc , répondrez-vous; mais la transaction est opérée, le contrat est constitué , sa dette est reconnue , acceptée ; la loi réduira donc les contrats? nouvelle retroactivité.

Si les puissances étrangères n'avaient pas, cas particulier dont le Ministère s'est sans doute assuré, n'avaient pas, dis-je, négocié leurs rentes, réduirait-on l'intérêt ?

D'un autre côté ce projet ôte toute sécurité ; quelle garantie l'Etat offrira-t-il aux rentiers, lui qui trouve sa dette trop forte, la même que jadis ? Si le gage était le même, on n'emprunterait pas pour rembourser ; les biens nationaux libres sont rendus, les bois et terrains communaux sont vendus en partie, et c'est quand le gage est diminué qu'il y a péril, que vous voulez vous reconnaître débiteurs d'un tiers en sus de votre dette, dites plutôt qu'il y a calcul de votre part, que vous ne voulez plus payer 5 p. cent; selon vous, l'accroissement du capital n'a pas besoin d'être garanti, puisque vous proclamez d'avance qu'il ne sera jamais remboursé, que c'est même pour vous priver de cette faculté, qui serait une impéritie, que vous le présentez si haut. Ne parlez plus de nos richesses et de notre crédit, on vous a prouvé qu'ils n'existaient que dans votre imagination, les reports mensuels en sont une preuve accablante.

On remarquera que la rente n'est pas et n'a jamais été (excepté par quelques agioteurs) une source de fortune. Les porteurs ne sont que des négocians, des commis, des pensionnés retirés des affaires en général. Quand on allègue, pour embellir le projet, qu'ils reverseront leurs fonds ailleurs ! on veut donc qu'ils retournent d'où ils sont partis (la tendance, en ce cas, est connue)? Qu'ils reprennent ce qu'ils viennent de quitter, pour utiliser des capitaux à un taux plus élevé que celui de l'Etat ; on ne commande pas la confiance, seule et unique base du commerce ; ils achèteront des terres, mais elles vont augmenter ; quel bénéfice pour l'agriculture ! trouvera-t-on seulement des fermiers.

Je ne propose pas de projet, mais il me semble que si la caisse d'amortissement faisait bien son service, et anéantissait réellement, par an, une somme quelconque de rente, on arriverait plus tard, il est vrai, à un résultat aussi avantageux ; je ne dis pas qu'elle ne rachète pas, mais elle touche les intérêts de ses rachats, donc il n'y a pas d'extinction définitive.

Il ne faut pas non plus se glorifier d'avoir amené la rente au pair. Après s'en être tant vanté , avec les ressources qu'on avait , il n'est pas étonnant de l'y voir, surtout quand on pense, comme je l'ai dit plus haut, que les véritables rentiers, les porteurs d'inscriptions ne se mêlaient aucunement des bruits qui devaient produire une variation. Le ministère, pour protéger ses desseins de hausse, n'a-t-il pas organisé une compagnie ? n'a-t-il pas joué lui-même ? dans des tems de crainte, n'a-t-il pas fait afficher des bulletins qui, vrais ou faux, produisaient , non sur les rentiers, mais sur la coulisse, les mouvemens qu'il désirait ? le ministre, à une époque de guerre, à laquelle nous étions étrangers, n'a-t-il pas employé les menaces contre le corps des Agens de Change , pour les forcer, dans son impuissance, à arrêter le torrent d'une baisse ? et vous croyez que, quand vous influencez vous-même votre baromètre, il ne marquera pas le temps que vous voudrez? La hausse de la rente est l'ouvrage des ministres qui se sont succédés ; ils l'avaient prise pour la boussole de leur administration ; ils l'ont fait monter par amour-propre. Aujourd'hui que l'orgueil est satisfait, on la détruit dans le but d'un intérêt particulier ; c'est de faire du neuf d'abord, et de procurer à ses amis, une existence plus honorable encore que celle des places ; il fallait un rang financier dans le monde, ils l'auront ; mais, aux dépens de qui ? Des contribuables êtres passifs, esclaves, qui doivent croire bien et bon tout ce qu'un ministère et ses créatures affirment être ainsi, après avoir été payées pour le dire.

On en niera pas que, d'après le système du petit-grand livre, comme auparavant, mais moins fréquemment, le cours de 10 fr. de rente n'ait souvent déterminé, soit en hausse, soit en baisse, le cours suivant. On pouvait facilement imprimer à la rente un mouvement de 1 p. cent, dans l'un ou l'autre sens, avec des achats aussi minimes, quand on ne trouvait aucun débouché pour des sommes majeures.

J'ai établi, en droit, qu'on devait de la rente ; que cette rente, non rachetable, n'était point assujétie comme l'espèce des obligations au Code, qui ne peut la régir ; qu'il ne restait presque rien à rembourser ; que ce ne serait pas, par cela même, une mesure générale ; que le projet du ministère n'a aucun but national avantageux ; et, en définitive, qu'il causerait plus de mal que de bien.

FIN.